MÉMOIRES

D'UN

EX-FONCTIONNAIRE CONFIDENTIEL DU MINISTÈRE DE L'INTÉRIEUR

SUR LE

PERSONNEL GOUVERNEMENTAL

DE LA

RÉPUBLIQUE

QUATRIÈME LIVRAISON

PRIX DE LA LIVRAISON

SOIXANTE CENTIMES.

Tous droits réservés

IMPRIMERIE WERTHEIMER. LEA ET CIE., CIRCUS PLACE, LONDON WALL, LONDRES.

PAR ABONNEMENT

12 Livraisons	...	...	...	...	...	...	**10** francs
24 Livraisons	...	...	...	,..	...	...	**18** ,,

Adresser tous mandats à MM. Wertheimer, Lea et Cie, Circus Place, London Wall, Londres.

DÉPOT CENTRAL, A PARIS :

Chez M. PÉNIN, 146, Rue Montmartre

A LONDRES :

Chez PETITJEAN, libraire, 39, Old Compton Street, W.

MÉMOIRES

D'UN

EX-FONCTIONNAIRE CONFIDENTIEL DU MINISTÈRE DE L'INTÉRIEUR

SUR LE

PERSONNEL GOUVERNEMENTAL DE LA RÉPUBLIQUE

No. 4.   12 MARS 1886   VOL. I.

TABLE DES MATIÈRES

WALDECK-ROUSSEAU

(*Suite.*)

On était au 15 décembre.

La baraque gouvernementale, dans laquelle Gambetta battait de la grosse caisse, commençait à être attaquée de tous côtés, et il était déjà aisé de prévoir qu'elle s'écroulerait sous le premier choc de la coalition anti-opportuniste, rouge et blanc, centre droit et centre gauche, qui s'était spontanément formée à la Chambre pour combattre la politique de casse-cou du Cabinet, et renverser l'homme qui était à sa tête, ce pygmée qui avait promis de faire grand, et qui, depuis qu'il était au pouvoir, n'avait pu que fournir au pays les preuves de son impuissance.

La savante tactique déployée dans le *Gaulois* par M. Jules Simon, contre la politique ministérielle, avait groupé, autour de cet ennemi personnel du Président du Conseil, tous les républicains modérés et libéraux, tandis que le choix de M. de Miribel comme chef d'Etat-major général, en indisposant la gauche radicale et l'extrême-gauche, avait réuni en un faisceau compacte ces deux groupes parlementaires qui n'attendaient qu'une occasion favorable pour provoquer sa chute.

Quant à la droite, elle restait expectante, toute prête à se joindre en masse, comme un seul homme, aux adversaires républicains du borgne de Cahors, afin de contribuer à son renversement.

Or, il était évident qu'en présence de ces éléments d'opposition, de ces forces parlementaires aussi serrées que résolues, les jours du Cabinet étaient déjà comptés.

J'avais eu l'honneur de voir, le 13 décembre, un très haut personnage, un diplomate émérite, en même temps que politique très profond, qui m'avait dit ce qui suit :

" M. Gambetta n'est pas un homme de gouvernement, c'est un révolutionnaire aussi honteux que capricieux qui, par des mesures chancelantes, par sa tolérance à l'égard des radicaux, tout en voulant faire de l'autoritarisme, a perdu la confiance du Parlement et le prestige dont il jouissait encore dans les départements, avant de prendre le pouvoir et de donner la mesure de son incapacité gouvernementale. Politiquement parlant, le Président du Conseil titube comme un homme ivre qui chercherait un point d'appui, et qui, n'en rencontrant point, se trouverait exposé à une culbute inévitable ; sa chute ne peut donc tarder.

" En effet, de deux choses l'une : ou bien M. Gambetta se rapprochera des intransigeants et alors il aura contre lui tous les républicains modérés qui, aidés par les conservateurs, l'auront bientôt jeté par terre; ou bien il aura une politique stationnaire, autoritaire même, et alors il tombera sous les coups réunis des mêmes conservateurs et des intransigeants.

" Donc, quoi qu'il puisse advenir, le Président du Conseil est destiné à disparaître avant peu, et cela de façon à ne plus revenir aux affaires.

" M. Grévy pourra ainsi attendre paisiblement la fin de sa présidence.

" Le jour où M. Wilson a épousé la fille du chef de l'Etat, Gambetta a perdu 95 pour cent dans son jeu ; il ne sera jamais Président de la République ; il peut y renoncer.

" Quant aux libéraux, c'est vers cet Anglais naturalisé Français, homme énergique, résolu, ambitieux et autoritaire qu'ils doivent se tourner, s'ils veulent un jour trouver les moyens de renverser à jamais l'opportunisme, et reprendre avec lui le pouvoir. "

Je rendis naturellement compte de cette conversation au Ministre de l'Intérieur, sans toutefois lui nommer le personnage avec qui j'avais eu l'honneur de m'entretenir ; mais ce présomptueux me répondit, avec une indifférence affectée qu'il était sûrement bien loin d'éprouver, qu'il se souciait fort peu de l'opinion de mon interlocuteur, lequel ne pouvait être qu'un envieux, un Ribot ou un Clémenceau quelconque, que la supériorité politique de Gambetta devait offusquer, et qui aspirait à prendre le gouvernement du pays à sa place.

Comme on le voit, rien n'aurait eu à ce moment-là le pouvoir de dessiller les yeux de cet aveugle volontaire, ni de lui faire apercevoir l'abîme que l'incapacité, les fautes et les maladresses des Ministres, sans en excepter leur chef, avaient déjà creusé sous les pas du Cabinet opportuniste.

*　*　*

Le Gouvernement, on le sait, avait voulu que M. Roustan, Consul général à Tunis, intentât un procès en diffamation à l'*Intransigeant ;* ce qui était aussi une faute, puisque non seulement M. Henri Rochefort fut acquitté, mais qu'il fut encore à peu près démontré par les débats que l'expédition de Tunisie n'avait été faite qu'en vue du succès d'une opération financière.

Le verdict du Jury qui, avec l'acquittement du Directeur de l'*Intransigeant*, comportait aussi la condamnation de M. Roustan aux dépens, eut un très grand retentissement dans le pays, et ne fit qu'ajouter au discrédit du Ministère devant l'opinion publique.

Waldeck, cette fois, sembla ressentir l'affront infligé par les Jurés de la Seine au Gouvernement et il fallait que le résultat de ce procès, qui l'avait pris par surprise, l'eût profondément affecté pour qu'il allât jusqu'à m'exprimer tout le mécontentement qu'il en éprouvait.

J'aurais voulu pouvoir adoucir la plaie que cette malencontreuse aventure judiciaire avait faite à son orgueil, mais comme avant tout je lui devais la vérité, je lui dis que l'opinion générale, dans le monde politique, était que le Jury, par son verdict, avait eu surtout pour but de flétrir la campagne de Tunis et d'atteindre le Ministère qui l'avait conduite, en paraissant vouloir couvrir et patronner tous les tripotages financiers dont on accusait le Consul général et l'amie intime de M. Roustan, la belle Mme Elias.

Rousseau reçut, sans broncher et sans même froncer le sourcil, cette communication qui n'était cependant pas faite pour atténuer sa déconfiture et son ressentiment, tant il semblait convaincu, cette fois, que l'opinion publique avait raison et que l'échec subi par le Cabinet ne pouvait que nuire à sa considération et à son prestige, et peut-être même compromettre son existence.

Les Chambres furent prorogées le 17 décembre, avant que le Ministère eût donné toute sa mesure et qu'il eût même laissé entrevoir au Parlement les réformes audacieuses, les conceptions grandioses qu'il avait semblé indiquer dans son programme.

Allait-il profiter de la quiétude et de la sérénité que lui laissaient les vacances parlementaires pour élaborer des soi-disant grands projets et préparer enfin le terrain politique sur lequel il entendait marcher ?

Telle était la question que tout le monde se posait et à laquelle personne ne pouvait répondre.

Mais il était évident pour tous que la roue du Gouvernement traînait et que, si le Grand Ministère ne s'affirmait, s'il ne faisait pas quelque chose, l'essieu se romprait bientôt et la chute deviendrait inévitable.

Le 19 décembre, à six heures du soir, j'informai le Ministre des intentions manifestées par les Intransigeants relativement à un meeting de *réparation publique*, dans lequel seraient votées des félicitations à Henri Rochefort au sujet de son acquittement.

Waldeck me dit alors que le Préfet de Police venait de lui faire la même communication, et qu'il lui avait ordonné de prendre les mesures nécessaires pour empêcher, si le meeting avait lieu, que l'ordre fût troublé et qu'il y fût émis des déclarations révolutionnaires ; que, de plus, si Rochefort se permettait de sortir de la légalité, il lui ferait infliger une leçon telle qu'il n'aurait plus l'envie de recommencer.

"A propos, ajouta Rousseau, je n'ai pas eu, jusqu'ici, à me louer des services de Mme D..., en ce qui touche à la surveillance qu'elle avait promis d'exercer sur les agissements du rédacteur en chef de l'*Intransigeant*. Aussi, pourrez-vous lui dire, si vous la voyez, que, si elle ne me fournit pas régulièrement à l'avenir des renseignement précis au sujet de ce féroce évadé de Nouméa, je me verrai obligé de lui retirer les appointements qu'elle reçoit du Ministère de l'Intérieur.

"Quant à Mme V..., elle s'acquitte plus consciencieusement de ses fonctions, quoique ses communications relativement aux intrigues de M. Wilson ne me paraissent pas complètes.

"Ne vous serait-il pas possible, M. d'A..., vous qui la connaissez depuis longtemps, de stimuler son zèle et de l'engager à voir plus souvent M. F..., afin de tirer de ce naïf la révélation des projets de l'ambitieux gendre du chef de l'Etat ? Car, c'est de cet homme aussi haineux que vindicatif que viendrait le danger, si le Ministère se voyait exposé à subir un échec quelconque devant la Chambre.

"Donc, veuillez recommander vivement à cette dame d'être vigilante et de ne pas perdre de vue l'Elysée et surtout M. Wilson."

Je lui promis naturellement de me conformer à ses instructions, tout en me gaudissant intérieurement de la peur que l'ex-sous-secrétaire d'Etat aux finances inspirait à ce piteux Ministre, et de gémir sur l'aveuglement politique de la majorité parlementaire qui avait confié à de tels pleutres le sort du pays.

Mais, comme tout faisait prévoir la chute prochaine du Cabinet, je me gardai bien de lui dire que Mme D..., ayant été, à peu près, autorisée par M. Constans à ne point remplir sérieusement ses fonctions d'agente secrète, quoiqu'elle reçût régulièrement ses appointements mensuels, il ne devait pas compter sur elle, et cela d'autant moins que cette gracieuse demi-mondaine ne voyait presque jamais M. Henri Rochefort, et ne pouvait guère être renseignée que sur ses aventures amoureuses, grâce aux indiscrétions d'une de ses amies, artiste célèbre d'un de nos premiers théâtres des boulevards, laquelle avait le privilège d'une liaison assez intime avec le spirituel et redoutable rédacteur en chef de l'*Intransigeant*.

Je pensai, en effet, qu'il était inutile de signaler ces circonstances à ce cuistre, qui n'aurait pas manqué de congédier cette aimable personne, puisqu'il ne devait pas tarder à être expulsé lui-même de l'hôtel Beauvau.

(A suivre.)

L'EX-COMMUNARD X... B...

(*Suite.*)

X... B... ne partit point le 27 janvier. Il jugea à propos de différer son voyage pendant quarante-huit heures, afin d'avoir le temps et l'occasion de croquer une partie des quinze cents francs qu'il avait touchés.

Ce n'est qu'après avoir fait cette brèche à la provision qu'il avait reçue pour ses frais à venir, qu'il quitta Paris, le 29, à 7 h. 15 du soir, par le rapide.

Le lendemain dimanche, il arrivait à Lyon, à 7 heures du matin, et le jour même il m'écrivait ce qui suit :

" Grand Hôtel.

" Dimanche, 2 heures.

" Mon cher ami,

" Je viens d'arriver à Lyon, un peu fatigué, mais avec tous mes " membres, ce qui est à enregistrer par ce temps de brume et d'acci- " dents de chemins de fer.

" Arrivé à 7 heures, je vous écris à 2 heures pour que vous soyez " contraint de me rendre cette justice que je ne suis ni oublieux ni " paresseux.

" Quand j'aurai mis le pied hors de l'hôtel, je vous parlerai de " Lyon et de ses indigènes...

" Vous pouvez vous mettre en relations avec R... C... 12, rue Y... " Je l'avise par un mot de votre invitation. Allez-y franchement : les " *voies sont aplanies*, etc.

" Je vous serre cordialement la main."

Je lui répondis, en le grondant un peu du retard qu'il avait mis à son départ, et en lui recommandant de ne pas perdre de temps pour organiser sa conférence.

Le 2 février, X... B... m'écrivait de nouveau pour me remercier de quelques attentions que Mme d'A... avait eues pour *sa chère petite femme* ; pour se plaindre de la cuisine de l'hôtel dans lequel il était descendu, et pour m'annoncer une longue lettre sur la situation des diverses fractions républicaines dans la cité lyonnaise.

Le lendemain, en effet, je recevais une volumineuse correspon- dance dans laquelle il me donnait les renseignements suivants :

On avait généralement, à Lyon, une très haute opinion du talent et de l'éloquence de Gambetta.

A peine, s'il se trouvait dans cette grande ville deux ou trois cents collectivistes, qui, d'ailleurs, comme leurs frères à Paris, faisaient parfaitement les affaires du Gouvernement.

Rochefort était tout à fait *coulé* à Lyon. Olivier Pain, qui y était venu pour sonder le terrain électoral et qui s'y trouvait encore, avait dû aisément et douloureusement s'en convaincre.

D'après les renseignements qu'il avait déjà recueillis, tous les Députés républicains seraient réélus au prochain scrutin.

Parmi les journaux plus ou moins avancés, le *Petit Lyonnais*, qui venait d'être acheté par Lepelletier, banquier à Paris, et qui se publiait à 75,000 exemplaires, avait une politique assez incolore. *L'Emancipation*, feuille collectiviste, n'avait pas de lecteurs; *La Marseillaise* venait d'être enterrée; *Le Lyon Républicain* était opportuniste.

Enfin, il me faisait savoir que sa conférence, qui était organisée par le Conseiller municipal radical, M. Javot, aurait lieu le dimanche suivant, 6 février, et que le Docteur blanquiste F... était prêt à se rallier, si on voulait lui donner une place de médecin ordinaire dans un hôpital de Paris.

Le 4 février, X... B... m'adressait divers journaux qui annonçaient à grand orchestre sa prochaine conférence, et m'écrivait aussi ce qui suit :

" C'est à la Croix-Rousse, dans l'arrondissement le plus bouillon-
" nant de Lyon, que je vais prêcher la bonne parole et le scrutin de
" liste. Vous voyez que j'attaque le taureau par les cornes.

" Sous le titre de politique radicale, j'y préconiserai une politique
" sage et ferme, libérale, progressive, *opportuniste*, en un mot, et je
" vous assure que je m'imposerai à mes auditeurs.

.... " On ne parle guère ici de la loi sur la presse, mais, en
" revanche, on s'occupe fort de la question de la Mairie centrale de
" Lyon, actuellement soumise au Sénat. On désigne déjà, comme
" futur Maire, le personnage le plus influent et le plus remuant de
" Lyon, M. Gailleton, Président du Conseil municipal...... ce sont là
" des rumeurs que je vous transmets, vaille que vaille."

Dans cette lettre X... B... n'avait pas manqué de me demander de l'argent, car, ainsi que je l'avais supposé, les quinze cents francs que je lui avais remis, le 25 janvier, s'étaient en grande partie éparpillés, avant son départ, aux quatre coins de Paris.

Le Ministre, à qui je communiquai cette nouvelle réclamation, me notifia qu'il ne voulait pas condescendre à une telle exigence et me pria d'écrire à X... B... que je ne lui enverrais que mille francs, et cela encore, seulement le 10 février.

Donc, le 9, après avoir reçu cette somme des mains mêmes de M. Constans, et en avoir prélevé cent francs destinés à Mme X... B..., j'adressai au conférencier un chèque sur le Crédit Lyonnais, qu'il put toucher le 10, conformément à l'avis que je lui avais transmis.

Dans la lettre qui lui portait ce mandat, j'avais dû lui dire que le Ministre m'avait chargé de lui déclarer qu'il ne voulait pas dépasser les quatre-vingts francs par jour promis et qu'il fallait par conséquent qu'il mesurât ses dépenses.

En même temps, je le félicitais vivement, de la part de M. Constans, de l'éclat et du succès de sa première conférence, dont il avait lu le compte-rendu détaillé dans les journaux de Lyon. Enfin, je l'engageais à partir sur-le-champ pour Marseille.

Le 18 février, X... B... qui m'avait déjà prié de le faire exempter des 13 jours de service qu'il devait à l'armée, comme réserviste, m'écrivait de cette dernière ville ainsi qu'il suit :

" 13 février 1881.

" Mon cher ami,

" Je vous envoie une longue correspondance. Vous voyez que " je n'ai guère flâné le long de la corniche, quelque envie que j'en " eusse, en contemplant les flots bleus de la Méditerranée.

" N'oubliez pas le malheureux réserviste appelé le 2 mars. Au " nom de ce que vous avez de plus cher, préservez-moi du caporal " pour cette année...

" Vous êtes, dans vos lettres, d'une concision désespérante, et vous " répondez en une ligne à mes feuillets. Communiquez donc un peu " vos propres impressions. Vous savez que j'en fais grand cas."

Ce pauvre conférencier n'avait pas encore compris que ma situation m'imposait la plus grande réserve, et que je ne devais écrire que lorsque je ne pouvais pas faire autrement.

Quoique X... B... ne passât point son temps à flâner le long de la corniche et à contempler les flots bleus de la Méditerranée, il me parut toutefois que Marseille avait beaucoup d'attraits pour lui, car il ne séjourna pas moins d'une vingtaine de jours dans la cité phocéenne.

Je dois reconnaître qu'il s'y mit en rapports avec quelques personnages importants, qu'il y fit avec assez de succès une conférence sur le scrutin de liste, et qu'il me fournit sur l'état des partis, sur le Conseil municipal, et sur la situation des divers journaux publiés dans les Bouches-du-Rhône des renseignements très exacts et très importants.

Le 28 février, j'envoyai au conférencier, qui m'avait écrit une lettre très pressante, mille francs par mandat télégraphique ; et le soir du même jour, je lui enjoignais, par un mot assez sec, de quitter Marseille, où je trouvais qu'il était resté trop longtemps, et de se rendre à Montpellier. Mais il jugea, sans doute, à propos de croquer encore quelques clovisses, à la *Réserve*, chez Roubion, et de se familiariser plus particulièrement avec les cafés de la Canebière, car il ne quitta que le 5 mars la ville qui a la gloire d'avoir donné le jour au fantoche Rouvier et au véreux Bouchet.

Le 6 mars, il m'écrivait de Montpellier ce qui suit :

" Mon cher ami,

" Je suis enfin parvenu à sortir de Marseille. Ce n'est certes pas " la faute des Marseillais, qui m'auraient tenu chaque soir à conférencer

" dans un de leurs cercles, et qui me faisaient déjà les offres les plus
" brillantes. J'y suis demeuré peut-être un peu longtemps, à votre
" gré, mais je crois que j'y ai accompli une œuvre utile et qui portera
" ses fruits.

" J'ai recueilli des données précieuses et j'ai des points de repère
" sérieux sur la carte électorale. La veille de mon départ, les jour-
" naux l'ont annoncé dans une note des plus flatteuses et j'ai été
" accompagné à la gare par un représentant de chaque feuille.

" A Montpellier, où je suis arrivé, déja précédé par le bruit de
" mes *conférences*, j'ai reçu le plus cordial accueil de toute la presse
" républicaine. Je vous envoie les notes déjà parues dans deux jou-
" naux, l'un opportuniste, l'autre radical, *Le Petit Méridional*, et
" *Le Petit Eclaireur*.

" Ma conférence, avec un changement dans le titre, reproduira, au
" fond, les mêmes doctrines affirmées à Lyon et à Marseille. Elle
" aura lieu lundi.........

" Vous êtes bien avare de correspondance, mon cher ami ; je
" ne reçois guère de vos nouvelles que par le télégraphe : ce n'est
" pas suffisant..."

X... B... me disait ensuite qu'il était de toute nécessité pour lui
de venir passer quarante-huit heures à Paris, avant de se rendre à
Toulouse, et me priait de le faire autoriser par le Ministre à faire cette
petite brèche à son itinéraire.

Après avoir consulté M. Constans, je lui télégraphiai qu'il pouvait
distraire de son voyage trois ou quatre jours pour ses affaires personnelles, et, le 9 mars, il arrivait à Paris.

En rentrant chez lui, X... B... avait trouvé un mot, par lequel je
lui donnais rendez-vous au Ministère de l'Intérieur, pour sept heures.
Le conférencier ne se fit pas attendre ; à l'heure dite, il entrait à
l'hôtel Beauvau. Quelques instants après, M. Constans, que j'avais
prévenu de notre visite, nous faisait introduire auprès de lui par
l'huissier de service.

Quoique le Ministre ne fût pas très satisfait de son commis voyageur en opportunisme, qu'il trouvait peu sérieux et trop jouisseur, il
l'accueillit, cependant, avec un certain empressement, et alla même
jusqu'à le féliciter des résultats obtenus par ses conférences.

" Je sais, lui dit-il ensuite, que Clémenceau doit se rendre bientôt
à Toulouse, pour y parler contre la politique de Gambetta, et quoique
je sois assez bien avec le Député de Montmartre pour ne pas craindre
d'être attaqué par lui personnellement, je crois toutefois que vous feriez
bien de le devancer dans le chef-lieu de la Haute-Garonne, afin de
pouvoir prévenir et amoindrir l'effet de son discours."

Enfin, comme M. Constans lui demandait, avant de le congédier,
s'il pouvait lui fournir quelques renseignements sur Cypriani, poursuivi
à ce moment, en Italie, pour désertion, et au sujet duquel quelques
Députés voulaient soulever un incident à la Chambre, X... B... lui

répondit à peu près textuellement : qu'il avait beaucoup connu ce révolutionnaire, ayant fait avec lui le voyage de France à Nouméa, mais qu'en dehors de toutes les extravagances qu'il avait commises pour mettre sa personnalité en vue, il ne savait rien, si ce n'était qu'il aurait fait le corsaire en Egypte, avant de se rendre en Crète, où il avait combattu pour l'insurrection.

L'ex-communard, pour qui l'asphalte des boulevards est un aimant irrésistible, trouva le moyen d'allonger la permission qui lui avait été donnée et de transformer en une quinzaine les trois jours de congé qui lui avaient été accordés. Aussi se trouvait-il encore à Paris le 23 mars.

Ce jour-là, après avoir été harcelé par lui, pour la dixième fois depuis son retour, par des demandes d'argent, je lui notifiai que je ne pourrais plus lui en remettre, s'il ne se décidait à repartir sur-le-champ.

X... B... s'étant alors engagé à prendre, le surlendemain, 25, le rapide de Toulouse, je demandai à M. Constans la provision nécessaire pour les frais de ce nouveau déplacement et je lui remis, le lendemain, quatorze cents francs, au nom du Ministre, contre un reçu que j'ai encore entre les mains, et ainsi rédigé :

"Reçu de M. M... d'A... mille quatre cents francs, valeur en compte. Signé : X... B..."

Mais le conférencier manqua encore à sa parole, et ce n'est que le 27 qu'il prit enfin le train, à la gare d'Orléans.

Or, trois jours après, il osait déjà m'écrire pour me demander de l'argent.

Je lui adressai alors une lettre assez sévère, non seulement au sujet de cette réclamation que je trouvais aussi imtempestive que peu fondée, mais encore en raison de certains bavardages qu'il avait tenus sur mon compte et qui m'avaient été rapportés.

Cette lettre, dans laquelle je le qualifiais de " Monsieur " au lieu de " mon ami ", comme dans ma précédente correspondance, eut nécessairement le don de froisser son incommensurable orgueil et de l'exaspérer. Aussi me répondit-il, le 3 avril, dans un ton et dans des termes où perçaient, malgré les efforts de sa plume pour les contenir, le dépit et l'irritation que lui avaient causés mes justes reproches.

Après deux pages de récriminations, qui ne sauraient intéresser le lecteur, voici ce qu'il m'écrivait :

" Puisque vous êtes et restez mon intermédiaire, jen arrive mainte-
" nant à ma demande d'argent ; vous savez mieux que personne que
" j'ai de grands besoins. C'est fort triste pour moi, mais c'est ainsi ...
" J'ai demandé, pour éviter toute prolongation de séjour inutile à
" Toulouse, que vous me fissiez obtenir mon allocation quatre jours
" d'avance, pour partir, aussitôt ma conférence faite, à Bordeaux.

" Il paraît que cette avance de quatre jours était le comble de
" l'exigence, et qu'après tout mon dévouement et mes efforts, après

" m'être brouillé avec tous mes amis, après avoir renoncé à une situa-
" tion acquise (X... B... était sans emploi, quand je l'enrôlai au service
" du Ministère), je me trouve *brûlé* par une demande d'argent. J'en suis
" désolé, mais je suis obligé de me *brûler* encore en la renouvelant, car
" *je suis au dépourvu...*

" Ma conférence aura lieu demain, à six heures du soir, au théâtre
" du Capitole ; j'ai tout fait pour rendre cette soirée attrayante et y
" attirer la foule. J'espère, malgré tout, que ma bonne inspiration de
" Lyon et de Marseille ne me fera pas défaut.

" Le jour même de votre réponse, je partirai pour Bordeaux."

Pour toute réponse à cette longue lettre, j'envoyai, le 5 avril, un
mandat télégraphique de quatre cents francs au conférencier, avec
l'ordre de ne pas se rendre à Bordeaux.

Le 6 avril, je recevai la lettre suivante qui s'était croisée avec
mon petit mot :

" Monsieur,

" Ma conférence, retardée par le concert des salles d'asile, a eu
" lieu hier.

" Ainsi que je vous l'avais annoncé, j'ai eu le concours des artistes
" du Capitole, ce qui a contribué à donner le plus grand attrait à la
" soirée ; aussi la salle était comble.

" J'avais constaté que le scrutin de liste soulevait ici plus de résis-
" tance que dans les autres villes déjà parcourues. La mairie, les ad-
" joints, la presque totalité du Conseil municipal tiennent contre la
" proposition Bardoux. Les frères Péral, les meneurs du Conseil, que
" M. Constans connaît bien, ont fondé un journal, l'*Emancipation*, qui
" a manifesté contre moi une vive hostilité, parce qu'il savait que je
" défendais le scrutin de liste. Il y a sous jeu, comme bien vous pensez,
" des ambitions sourdes qui ne trouvent pas leur compte au nouveau
" mode de votation. Isidore Péral se promet une candidature au scru-
" tin d'arrondissement.

" Avant ma conférence, on a usé de tous les moyens pour essayer
" de m'empêcher d'aborder la question du scrutin de liste. On m'a
" menacé d'interpellations systématiques ; j'ai répondu que j'attendais
" les interpellations. On m'a alors prié, au nom de la concorde répu-
" blicaine, de m'abstenir ; j'ai déclaré passer outre. Au dernier
" moment, la mairie s'est tâtée pour m'ôter la salle ; mais elle n'a pas
" osé aller jusque là...

" Au sujet des décrets, j'ai rendu hommage à l'énergie républi-
" caine de M. Constans, et j'ai rappelé son intervention décisive en
" faveur de l'amnistie...

" Pensez si mes adversaires enrageaient. Le clan Féral-Calvin-
" trac m'a entouré, en criant que je m'étais moqué du public ; que la
" défense du scrutin de liste et l'éloge de M. Constans, c'était trop
" d'audace. Je les ai secoués de la belle manière... Ce matin

" *L'Emancipation* a publié, à propos de tous ces incidents, une note
" mensongère où j'étais traité de commis voyageur pour le scrutin de
" liste.   J'ai envoyé mes témoins au rédacteur en chef, en exigeant
" une rétractation ou une réparation par les armes. Je n'ai pas encore
" reçu de réponse.   S'il y avait du nouveau, demain, je vous adres-
" serais un télégramme.

" J'ai l'honneur de vous saluer."

L'affaire n'eut pas de suites ; aussi X... B..., qui n'avait pas eu
besoin d'aller sur le terrain, rentra-t-il à Paris, le 8 avril, conformément à mes instructions.

Le lendemain de son arrivée, il m'écrivit la lettre suivante :

" Monsieur,
" Je suis rentré depuis hier soir.   Si donc vous voulez avoir
" l'obligeance de me fixer un rendez-vous pour causer des incidents
" de mon voyage, je m'y rendrai certainement.
" Je vous présente mes salutations empressées.   X... B..."

Je communiquai ce petit mot au Ministre, qui me dit après l'avoir
lu : " Voyez ce farceur, terminez tous vos comptes avec lui et dites-lui
" que je n'ai plus besoin de ses services."

Le soir même, au café de Bade, où je l'avais prié par une dépêche
de me rencontrer, à six heures, je fis connaître au malheureux conférencier la décision de M. Constans ; puis, sans vouloir écouter aucune
explication, je le quittai brusquement pour ne plus le revoir.

X... B..., ne pouvant cependant se résoudre à l'inaction et dési-
reux, sans doute, de continuer à l'opportunisme un concours qui lui
était si grassement rétribué, ne manqua pas de se rendre plusieurs
fois à l'hôtel Beauvau pour solliciter une audience du Ministre et de
nouveaux travaux... littéraires.

Mais, malgré toutes ses instances, il ne fut pas reçu, et le 20 avril,
n'y tenant plus, étouffant tout sentiment d'amour-propre, il m'écrivit
ce qui suit :

" Monsieur,
" Depuis que j'ai eu l'honneur de vous voir, *voilà trois fois* que je
" me présente au Ministère sans pouvoir parvenir jusqu'à M. Constans.
" Hier, j'ai assez vivement insisté pour qu'on fît passer ma carte
" au Ministre, mais l'huissier de service s'y est refusé, en me disant
" de revenir un jour de réception.
" Je vous serai donc très obligé, Monsieur, d'être encore une fois
" mon introducteur.
" Je vous attendrai, demain jeudi, à quatre heures, au Café de
" Bade, et dans le cas où un obstacle quelconque vous empêcherait de
" vous y rendre, je vous prie de bien vouloir me prévenir par une dé-
" pêche où vous me fixerez un rendez-vous à votre convenance.
" Veuillez agréer, etc.

"X... B.,."

Voulant en finir avec cet enragé solliciteur, et désirant lui faire notifier un congé en règle par M. Constans lui-même, je lui télégraphiai de se trouver le lendemain, 20 avril, à six heures, à l'hôtel Beauvau.

X... B... fut nécessairement exact au rendez-vous. Mais j'avais eu soin, quelques instants avant l'heure indiquée, d'entrer dans le Cabinet du Ministre pour le prévenir de sa visite, et le prier de mettre un terme à ses obsessions.

L'ex-conférencier m'ayant fait passer sa carte, le Ministre donna l'ordre à l'huissier de service de l'introduire sur-le-champ.

L'entrevue fut courte. M. Constans se borna, en effet, à déclarer assez sèchement à X... B... que ses services étant devenus inutiles, il ne pourrait plus lui donner aucune gratification.

L'ex-communard voulut insister, mais le Ministre, dont la résolution était bien arrêtée, le pria de se retirer, et il sortit alors, la tête basse, saluant à peine, sans me dire un mot, mais en me jetant de ses yeux ternes et sombrement voilés, un regard qui exprimait tout son dépit et tout son ressentiment.

Depuis ce jour, je ne l'ai plus revu.

J'ai su que, sous le second Ministère de Waldeck-Rousseau, après ma brouille avec ce vaurien politique, il était revenu à l'hôtel Beauvau.

On m'a même assuré qu'il avait été pour quelque chose dans la création d'une certaine feuille opportuniste, laquelle depuis 1883 s'est toujours fait remarquer par l'exagération de son zèle ministériel parmi les journaux qualifiés de reptiles. Mais c'est là une question sur laquelle je pourrai probablement faire la lumière en fouillant dans l'administration du pleutre Waldeck, dont je suis en train de livrer tous les mystères à la publicité.

En attendant, je puis à peu près affirmer que si X... B... a trouvé l'occasion d'émarger de nouveau aux fonds secrets, il se sera bien gardé de la laisser échapper.

Qui a bu boira, dit le proverbe !

L'EX-POLICIER ANDRIEUX

(Suite.)

Que puis-je dire de l'affaire Cissey-Kaulla.

M. Andrieux, dans ses *Souvenirs*, défend la baronne si chaleureusement, après l'avoir défendue déjà avec tant d'énergie devant la Commission d'enquête ; il essaie, avec un zèle si inquiet, de la faire amnistier par l'opinion publique, et cela avec tant de vivacité, qu'on pourrait croire que c'est *pro domo sua* que l'avocat du barreau de Lyon a écrit un si éloquent plaidoyer.

Je me borne à ajouter, au sujet de ce grave incident politique et parlementaire, que M. Constans, qui voyait cependant avec un certain plaisir l'acharnement avec lequel M. Laisant avait porté et soutenait contre l'honorable général de Cissey les imputations les plus odieuses et les plus graves, mais qui, d'un autre côté, ne s'expliquait pas l'énergique intérêt que le Préfet de Police manifestait à l'égard de la baronne, que M. Constans, dis-je, m'exprima la pensée qu'il pouvait avoir existé des rapports très suivis, peut-être même des rapports intimes, entre son subordonné et celle qu'on accusait alors d'être une espionne de Bismarck.

** * **

J'arrive à l'affaire de la rue Duphot, qui a fourni l'occasion à M. Andrieux de jeter un blâme public sur les actes judiciaires d'un des plus habiles et des plus honorables magistrats du Tribunal de la Seine ?

On connaît les faits lamentables qui firent découvrir, dans l'établissement pornographique de Mme Leroy, l'intervention forcée de la police et surtout les perquisitions ordonnées par le Parquet.

Cette maison n'était certes pas mystérieuse pour le sieur Andrieux, puisqu'il déclare lui-même, dans ses *Souvenirs*, que la femme Leroy était un de ses agents les plus précieux, et que les *archives de la police* recevaient de cette procureuse des renseignements nombreux et parfois utiles.

L'ex-Préfet, d'ailleurs, décrit, avec un soin très minutieux, tous les scandales de ce lupanar dissimulé dont il semble avoir connu personnellement toutes les opérations secrètes, et qui, pour lui, était *une maison de verre*, ainsi qu'il l'avoue avec tant de franchise et tant de candeur.

Je n'ai donc rien à ajouter à tout ce qui a été raconté touchant cette fâcheuse affaire, si ce n'est que M. Constans, dont les mœurs cependant ne semblent pas s'effaroucher aisément, crut devoir me manifester, à diverses reprises, tout le mécontentement que lui causait l'intervention trop active et trop passionnée, à son avis, de son turbulent subordonné dans l'instruction judiciaire des débauches et des dévergondages délictueux qui avaient eu lieu dans l'établissement proxénétique de la rue Duphot.

Le 19 mars, notamment, après s'être entretenu de cette affaire avec M. Andrieux, qui, comme à l'ordinaire, lui avait tenu tête, le Ministre me dit qu'en présence de l'obstination persistante du Préfet, et de la passion avec laquelle il poursuivait Mme Leroy, il était porté à croire que ce zèle exagéré, par lequel il compromettait l'administration, n'était qu'apparent et n'était destiné peut-être qu'à faire oublier les excès de tolérance dont il avait antérieurement presque couvert l'industrie honteuse de cette femme.

" Rien ne me prouve, ajouta M. Constans, que ce jouisseur n'au-
" rait pas pris part à certaines débauches dans ce temple de Cythère,
" et les journaux qui insinuent qu'il pourrait bien avoir été du nombre
" de ces hôtes inconnus qui y étaient amenés à toute heure par les
" *défaillances de la chair* ou *par les fantaisies irrésistibles* de l'esprit......
" disent peut-être la vérité. Andrieux est sujet à caution, et le pro-
" verbe dit que : qui a bu boira."

Or, comme le lendemain, je parlais de cette affaire à M. W... en lui rapportant les suppositions du Ministre à l'égard du trop sensible fonctionnaire, l'ex-Préfet de Lyon, après m'avoir dit qu'il partageait l'opinion de M. Constans, me raconta ce qui suit :

" Lorsque le Maréchal de Mac Mahon visita Lyon (c'est M. W...
qui parle), en 1876, j'avais cru devoir inviter M. Andrieux au dîner officiel que j'offrais au chef de l'Etat. La lettre d'invitation fut portée à son domicile par un employé de la Préfecture qui n'eut pas, même après plusieurs courses successives, la bonne fortune de l'y rencontrer, et ce ne fut qu'à la suite de diverses recherches qu'il put enfin, au bout de trois jours, le trouver chez une demi-mondaine qui lui avait offert l'hospitalité."

Tel est l'homme, me dit M. W... avec ce sourire sarcastique et plein d'ironie qui lui est familier, et en ajoutant, lui aussi : ...*qui a bu boira !*

* * *

Je vais maintenant raconter les circonstances qui préparèrent la retraite de M. Andrieux et finirent par lui imposer sa démission.

Dès sa prise du pouvoir, M. Constans m'avait exprimé le regret qu'il éprouvait d'être obligé de conserver le Préfet de Police dans ses fonctions.

" Cet homme n'est pas à sa place, me dit le Ministre, quelques
" jours après son installation. Ce sera, pour moi, un gêneur, quel-

"quefois même un obstacle, car je connais son tempérament aussi "batailleur qu'insubordonné, mais j'en aurai raison, et, s'il me résiste "par trop, s'il méconnaît ses devoirs envers moi, je le briserai et le "renverrai aux débats parlementaires.

"J'ai accepté le Ministère, ajouta-t-il, pour faire décréter l'am- "nistie et expulser les congrégations religieuses, et il faut que ce "programme soit exécuté malgré tout et malgré tous, ou je donnerai "ma démission.

"Quant à Andrieux, je me charge de le mâter; mais, s'il refuse "d'obéir, il partira."

Telles étaient, à l'égard du bouillant fonctionnaire, les disposi-tions de M. Constans.

Au moment des discussions animées qui eurent lieu en juin et juillet 1880, à la Chambre des Députés, relativement à l'amnistie, certains froissements s'étaient déjà produits entre le Ministre et son subordonné. M. Andrieux, en effet, n'approuvait pas complètement cette mesure de clémence, et, peut-être, comme Préfet de Police, avait-il raison. Mais il avait dû nécessairement céder, malgré ses répugnances, et voter constamment, en cette circonstance, avec la majorité.

Toutefois, M. Constans lui en avait, comme on dit, gardé une dent. Ce désaccord entre le Ministre et le Préfet de Police s'aggrava à l'occasion et au cours de l'exécution des décrets.

M. Andrieux, en effet, contrairement aux devoirs que lui imposait sa situation officielle, s'était non seulement permis de discuter les ordres qui lui étaient donnés, mais encore il avait visité, à diverses reprises, et à l'insu de M. Constans, les supérieures de quelques con-grégations, et leur avait promis de faire apporter, dans l'application des mesures qu'il serait obligé de prendre à leur égard, des conces-sions et des ménagements qui eussent été contraires à l'esprit même des décrets.

J'étais presque exclusivement chargé, à ce moment, de faire filer le Préfet, afin de me tenir au courant de tous ses faits et gestes. Aussi fus-je bien vite informé des démarches qu'il avait tentées, comme je l'avais été de celles qu'il avait faites auprès de M. de Freycinet, de M. Gambetta, voire auprès du Président de la Répu-blique.

M. Constans, à qui je communiquai ces renseignements, les reçut avec autant de surprise que de colère, et je sais qu'il eut, à leur sujet, avec M. Andrieux, une très vive conversation, au cours de laquelle il alla jusqu'à lui dire que, s'il ne voulait pas exécuter, sans discussion et même à l'aide d'une action violente, les décrets d'ex-pulsion, il n'avait qu'à donner sa démission.

On sait que le Préfet ne démissionna point, et qu'il se conforma aveuglément aux ordres du Gouvernement en employant même, dans son zèle, une irritation et une brutalité qu'on n'avait pas imposées à son obéissance.

Il est vrai que, dans son *mea culpa*, M. Andrieux déclare que c'est la mort dans l'âme qu'il procéda à l'expulsion des religieux, en ajoutant que, s'il conserva alors ses fonctions, ce fut pour continuer la lutte engagée contre les prétentions autonomistes du Conseil municipal et ne pas se séparer d'un personnel qui lui donnait tous les jours des témoignages de son *attachement...!*

Eh bien ! j'affirme, moi, que ce farceur, en osant émettre de telles circonstances atténuantes, se moque absolument de ses lecteurs, et que s'il resta alors Préfet de Police, c'est tout simplement parce qu'il ne se trouvait pas encore usé jusqu'à la corde ; parce qu'il n'avait pas encore complètement préparé son évolution vers le groupe Freycinet ; parce que l'affaire de la rue Duphot n'avait pas encore été dévoilée, et qu'il voulait, sans doute, conserver pendant quelque temps encore le privilège de la distribution des fonds secrets...

Comme on doit bien le penser, tous ces incidents n'étaient pas faits pour établir entre le Ministre et son inférieur des rapports de sympathie et de confiance. Aussi la corde officielle qui les séparait restait-elle toujours tendue, en attendant qu'elle finît par se rompre.

* * *

Au cours des élections municipales du mois de janvier 1881, M. Andrieux ne se conforma pas toujours complètement aux instructions de son Ministre ; et au lieu de faire servir tous les moyens d'influence dont il pouvait disposer dans l'intérêt général du Gouvernement, il n'en usa guère que pour satisfaire ses préférences ou ses antipathies personnelles.

Ainsi c'est *proprio motu*, et même contrairement à l'avis de M. Constans, qu'il poussa la candidature de M. Allain contre celle de M. Yves Guyot, qui fut cependant élu, grâce à la protestation et au concours pécuniaire du Chocolatier-Député Menier.

Le Préfet de Police aurait voulu pouvoir tirer vengeance, en cette circonstance, des révélations du vieux petit employé, mais le scrutin lui refusa cette satisfaction.

M. Andrieux ne déploya pas non plus tout son savoir-faire et toutes les ressources de son intelligence et de son flair policier, dans les quartiers de la Chapelle, du Combat et du Père-Lachaise, où il fallait combattre, à tout prix, pour plaire à Gambetta, les candidatures de Lucipia, de Chabert et de Galopin, qui auraient pu être élus, si je n'étais intervenu dans des conditions que je ferai connaître dans un autre chapitre.

Bien entendu, ces velléités d'indépendance, pour ne pas dire ces révoltes du subordonné contre les ordres de son chef hiérarchique, ne faisaient qu'ajouter aux éléments d'irritation qui existaient déjà dans l'esprit de M. Constans contre M. Andrieux.

*　*　*

Le 22 mars 1881, le Conseil municipal de Paris avait voté un ordre du jour motivé, portant que l'administration de M. Andrieux ne présentait pas les garanties suffisantes à la sécurité de Paris.

Le 29, le Secrétaire général de la Préfecture de la Seine lut au Conseil un décret du Président de la République, contresigné par M. Constans, par lequel était déclarée nulle la délibération susmentionnée.

Le Conseil se cabra devant ce coup de férule gouvernementale, et le citoyen Jules Roche, qui n'était pas encore l'ami de M. Jules Ferry, et n'avait pas encore goûté aux faveurs opportunistes, monta aussitôt à la tribune, pour soutenir que le Conseil avait le droit de contrôler les dépenses de la Préfecture de Police dont il votait le budget, et d'adresser au Préfet des interpellations suivies d'ordres du jour motivés.

M. Lanessan, qui, lui aussi, ne s'était pas encore transformé en opportuniste, trouvant que les prétentions autoritaires du Gouvernement méritaient une protestation énergique, proposa un ordre du jour qui affirmait le droit du Conseil d'interpeller, d'approuver ou de blâmer l'administration et signalait l'impuissance dans laquelle il se trouvait, en raison de l'action gouvernementale, de défendre efficacement les intérêts de la population parisienne, etc., etc.

Enfin, après une discussion très animée, au cours de laquelle le Secrétaire général de la Préfecture avait fait des réserves, au sujet des ordres du jour qui avaient été présentés, le Conseil vota une résolution par laquelle il maintenait son droit de contrôle sur l'emploi du budget de la Préfecture, ainsi que son droit d'interpellation, déclarant que les relations du *Conseil avec le Préfet étaient devenues difficiles au point de nuire à la bonne administration des affaires municipales, et signalant au Gouvernement l'impossibilité de laisser durer plus longtemps cette situation fâcheuse.*

Cet ordre du jour, qui créait un conflit entre le Conseil et l'administration, était un véritable camouflet pour M. Andrieux.

M. Constans se montra très inquiet de cette situation, qui ne pouvait manquer d'être exploitée par les radicaux de la Chambre, et qui pouvait donner lieu à une interpellation.

Déjà, après le vote du Conseil, dans la séance du 22 mars, il m'avait manifesté tout le mécontentement que lui causait l'attitude provocatrice du Préfet à l'égard des édiles parisiens, en me faisant pressentir les embarras et les difficultés qu'elle pourrait faire naître pour le Gouvernement. Aussi s'était-il préoccupé de l'élimination probable de ce fonctionnaire.

J'ajoute que ce n'est qu'avec un certain regret qu'il s'était vu obligé de proposer à la signature du chef de l'Etat le décret annulant la délibération sus-mentionnée (22 mars) du Conseil municipal, dont l'effet ne pouvait que produire une tension encore plus grande entre cette assemblée et le Préfet de Police.

Le 29 mars, à six heures du soir, le Ministre, en me faisant connaître la nouvelle incartade du Conseil municipal, me déclara que la situation était devenue grave, et que, pour en sortir, il ne voyait qu'un moyen, c'était la démission ou la révocation du Préfet de Police.

"Le Conseil, me dit-il, en maintenant et en accentuant même
" son ordre du jour du 22 mars, a, pour ainsi dire, voté la déchéance
" de M. Andrieux ; et, en présence de cette résolution, le devoir du
" Gouvernement serait de se débarrasser de ce turbulent fonctionnaire,
" si la raison d'Etat ne l'empêchait de paraître céder aux empiète-
" ments et à la pression des édiles parisiens. C'est pourquoi une
" révocation n'étant pas possible, il faudrait que le Préfet, se rendant
" enfin compte de son impopularité et pris tout à coup d'un bon
" mouvement, eût assez de résignation pour donner sa démission,
" afin de mettre un terme aux difficultés actuelles et faire cesser le
" conflit qui l'a mis aux prises avec les rancunes du Conseil
" municipal.

" Mais, ajouta-t-il, Andrieux possède au plus haut degré l'amour
" du fonctionnarisme ; sa ténacité, d'ailleurs, égale son orgueil, et
" comme il sait que le Gouvernement ne peut pas l'abandonner en
" cette circonstance, bien certainement il ne démissionnera point.

" Or, comme d'un autre côté, il ne serait plus possible de
" rétablir des rapports entre le Préfet et le Conseil, il ne reste plus au
" Cabinet que la ressource de retirer aux attributions municipales le
" vote du budget de la Préfecture ; et c'est la résolution que je vais
" proposer à mes collègues, si, toutefois, je puis trouver dans les
" précédents les bases d'un projet de loi qui pourrait être, à cet
" effet, présenté au Parlement."

Comme on le voit, M. Constans était très inquiet et très perplexe, et regrettait surtout que les exigences de la situation et l'obligation de sauvegarder le prestige du pouvoir ne lui permissent point de se débarrasser sur-le-champ de son incommode subordonné.

Le 1er avril, le Conseil des Ministres décida qu'il n'y avait pas lieu d'annuler la dernière délibération de l'Hôtel de Ville et que M. Andrieux conserverait ses fonctions.

Le 11 avril, M. Pascal Duprat interpella le Gouvernement sur certains actes du Préfet de Police et sur ses procédés cavaliers vis-à-vis du Conseil municipal. En fait, cette interpellation visait la Préfecture de Police elle-même ; mais M. Pascal Duprat crut devoir la transporter du terrain des principes sur celui des personnalités.

Or, après un discours assez timide de M. Constans, par lequel il défendit |obligatoirement la conduite de son subordonné, et une réplique embrouillée de M. Floquet, M. Andrieux n'eut-il pas de peine à démontrer à la Chambre que le Conseil avait outrepassé ses droits en voulant intervenir dans l'administration de la Préfecture de Police et marcher ainsi dans les plates-bandes du Gouvernement.

Aussi, il ne m'en coûte point de le reconnaître, le Préfet remporta-t-il un grand succès, car la Préfecture de Police sortit du débat plus forte et surtout plus indépendante que jamais de l'Assemblée de l'Hôtel de Ville.

La Chambre, en effet, par une majorité écrasante, condamna les prétentions autonomes du Conseil municipal.

Je vis le Ministre, le 12 avril, à six heures du soir, et le félicitai du résultat de l'interpellation de la veille qui avait si bien tourné en faveur du Gouvernement. M. Constans s'en montra heureux, tout en me disant qu'il ne se dissimulait pas les difficultés qu'il y aurait encore à vaincre, en raison du maintien obligatoire de M. Andrieux et en ajoutant qu'il avait vivement désapprouvé la lecture que le Préfet avait faite des rapports de ses agents sur Mme Elben.

Le Ministre m'apprit qu'il avait été à peu près convenu, avant la séance, que M. Andrieux n'interviendrait pas dans le débat ; et que ce n'avait été qu'après les attaques de M. Floquet que le Préfet lui ayant demandé s'il devait monter à la tribune, il lui avait répondu qu'il pouvait prendre la parole s'il le désirait, mais que, quant à lui, l'ayant couvert et défendu, autant qu'il le devait, il n'irait pas plus loin.

" Je suis convaincu, me dit encore M. Constans, que l'intervention de M. Andrieux a fait perdre au moins quarante voix de gauche à la cause de la Préfecture ; il est vrai que, d'un autre côté, elle lui a acquis le vote de cinquante Députés de la droite, mais cela n'était pas à désirer."

Puis, refaisant avec moi le pointage du scrutin, il me démontra que, au moment du vote, plusieurs de ses amis personnels, mais foncièrement ennemis d'Andrieux, s'étaient abstenus.

Enfin, le Ministre, qui était ce jour-là en verve de confidences, et de très bonne humeur, me fit savoir qu'il avait reçu le matin même la visite de M. Jules Roche, qui lui avait affirmé que le Conseil ne lui en voulait pas personnellement et portait toutes ses rancunes contre le Préfet de Police.

Ainsi, le futur terre-neuve de l'opportunisme, cédant à ses instincts, venait déjà rôder autour du pouvoir et flairer les faveurs gouvernementales, dont il ne devait pas tarder à être comblé.

Les débats de la séance du 11 avril et l'ordre du jour voté par la Chambre n'étaient pas faits pour remettre l'harmonie dans les rapports du Préfet de Police et du Conseil municipal. Le désaccord, au contraire, ne fit que s'accentuer de plus en plus et le conflit resta à l'état aigu. Aussi, le Ministre, comprenant que M. Andrieux ne pourrait pas conserver les fonctions de Préfet de Police, se préoccupait-il déjà de lui trouver un successeur.

Le 23 avril, en voulant bien me communiquer tous les ennuis que lui causait cette situation, il m'annonça que le député du Rhône était sur le point de partir pour l'Arbresle, où il devait rendre compte de son mandat à ses électeurs et probablement aussi leur parler de ses dissentiments avec le Conseil municipal, ce qui ne pouvait que compromettre le Ministère et ajouter à ses embarras.

" Je ne sais vraiment plus comment faire pour me débarrasser de " ce très malencontreux fonctionnaire, me dit M. Constans, et cela " d'autant moins que, ne voulant plus avoir ni député ni sénateur " pour Préfet de Police, je ne vois pas encore qui pourrait le rem- " placer."

" Pourquoi ne nommeriez-vous pas M. Camescasse," lui répondis-je assez timidement et en cherchant sur sa physionomie à deviner l'impression que lui causait une telle proposition.

" Mais c'est une idée mirobolante que vous avez là, s'écria " M. Constans, et peut-être Camescasse est-il l'homme qu'il me " faudrait."

Je lui racontai alors qu'ayant vu la veille M. de Marcère, et m'étant entretenu avec lui du départ probable de M. Andrieux, l'ancien Ministre de l'Intérieur m'avait désigné le Directeur de l'Administration départementale qu'il connaissait de longue date et dont il avait pu apprécier les aptitudes et les qualités comme pouvant faire un excellent Préfet de Police.

Je ne connaissais pas alors personnellement M. Camescasse, avec qui je ne me suis trouvé en rapports suivis que beaucoup plus tard : aussi sera-t-il très surpris en apprenant qu'il doit peut-être à mon initiative d'avoir été un des gros fonctionnaires de la République.

(A suivre.)

www.ingramcontent.com/pod-product-compliance
Lightning Source LLC
Chambersburg PA
CBHW051224070726
47595CB00018B/3135